AF356899

30

CHANSONS

SATIRES, ÉPIGRAMMES

SUR

LE SECOND EMPIRE

—

PRIX : 30 CENTIMES.

—

FRANCE ET BELGIQUE

CHEZ TOUS LES LIBRAIRES

—

1871

LA
BADINGUETTE

PAR

HENRI ROCHEFORT

Auteur de la Lanterne

SUIVIE DE PIÈCES ANALOGUES

LA BADINGUETTE

—

Air des Amours du Diable.

Amis du pouvoir,
Voulez-vous savoir
Comment Badinguette,
D'un coup de baguette,
Devint, par hasard,
Madame César ?

La belle au fin fond de l'Espagne
Habitait ;
Oh ! la buveuse de champagne
Que c'était !
Quoique Badinguette eût pour pères,
On le dit,
Presque tous les célibataires
De Madrid,
Et que sur sa naissance on jase
A gogo,
On l'appelait, par antiphrase,
Montijo.

Amis, etc.

Un jour, sa vieille maugrabine
    De maman,
Lui dit : « Nous v'là dans la débine
    Bigrement.
Vrai ! ton visage se dégomme
    Tous les jours :
Il faut songer à faire un homme
    Pour toujours.
Maint'nant que tu d'viens plus âgée,
    Nous mangeons
Beaucoup trop de vache enragée ;
    Voyageons ! »
      Amis, etc.

Voilà Badinguett' qui débarque
    A Paris,
Et Badinguet qui la remarque
    Se sent pris.
« Oh ! s'écri'-t'il, oui, sur mon âme !
    Soyons francs,
Papa Jérôme, cette femme
    Vaut dix francs !
— Bah ! dit Jérôme, elle en vaut douze ;
    Savez-vous
Qu'on ne vit jamais d'Andalouse
    Au poil roux ? »
      Amis, etc.

Cependant il cherche une clause,
    Un moyen,
De l'avoir pour très-peu de chose,
    Ou pour rien ;
Il s'en va trouver la duègne,
    Pas honteux,
Et les embarque pour Compiègne
    Toutes deux.
Enfin, ne pouvant plus attendre,
    Le grossier,
Au fort du bal, ose lui prendre
    Le fessier !
      Amis, etc.

« Caracho, murmura la belle,
    Saligaud !

Ne savez-vous pas qu'on m'appelle
    Montijo ?
Quand on a cinq ou six cents pères
    Andalous,
On vaut bien un Robert Macaires,
    Comme vous.
Ne croyez pas que je me donne
    Pour six blanc ;
Je veux coiffer une couronne,
    Ou... du flan ! »
     Amis, etc.

« A toi, Badinguette, mon ange,
    Mes châteaux,
Quoique tu sois bien la plus franche
    Des cataus.
Mais, puisqu'après tout, tant je t'aime,
    Entre nous,
Que *mon* peuple crie ou blasphème,
    Je m'en fous !
Qui fut mouchard en Angleterre,
    Et bourreau,
Peut bien, sans déroger, se faire
    Maquereau. »
     Amis, etc.

Adieu cancan, Maison dorée,
    Bal Musard !
La voilà l'épouse adorée
    De César ;
Cependant on dit qu'ell' regrette
    Quelquefois
Ses amants et sa cigarette
    D'autrefois ;
Et que l'Espagnole, trop fière
    Pour plier,
De son mouton pourrait bien faire
    Un bélier.

    Amis du pouvoir,
    Voulez-vous savoir
    Comment Badinguette,
    D'un coup de baguette,
    Devint, par hasard,
    Madame César ?

LE MARIAGE ESPAGNOL

COMPLAINTE

—

Air de Fualdès.

Sous le beau ciel des Espagnes
Mourut un vieil hidalgo
Qui se nommait Montijo
Et n'avait pas de campagnes,
D'or, d'argent ni de bijoux,
Ni de chevaux andalous.

Mais il avait une fille
Qui tous les trésors valait,
Un œil noir, un gros mollet,
Et chose rare en Castille
Où le soleil brunit tout,
Elle était blonde partout.

Noblesse antique et sans tache,
Elle vient directement
De la maison de Gusman,
— Non des Gusman d'Alfarache —
Quoique, par malheur, dit-on,
Beaucoup d'Espagnols en sont.

Ayant découvert qu'en France
Des électeurs le troupeau
Avait réclamé Napo-
Léon trois dont la naissance,
Les vertus et le bon ton
Enfonçaient tous les Bourbon,

La séduisante Andalouse
Se dit soudain : « Carajo !
Serais-je une Montijo,
Si bientôt je ne l'épouse !
Faisons-lui voir, caramba !
Ce que c'est qu'une Théba !

Alors, comme une fusée,
Elle file sur Paris ;

On se crut en paradis,
Quand on vit à l'Élysée
Des appas si doux, si frais,
Et d'aussi souples jarrets,

Magnan en eut la colique ;
Saint-Arnaud, au lansquenet
Perdit la chance tout net ;
Fould se faisait catholique ;
Enfin, monsieur de Maupas
Négligea ses bons repas.

Mais dans l'illustre phalange,
Le plus *toqué* fut, hélas !
Badinguet que tant d'appas
Mirent aux genoux de l'ange.
Pourtant il cherche un moyen
De l'avoir d'abord pour rien.

Puis il offre à la coquette
Tout ce qu'il a sous la main :
Cent actions du chemin
De fer de Bordeaux à Cette,
Même une place au Sénat...
Mais l'ingrate en ricana.

Profitant d'un trouble extrême,
Elle lui dit carrément :
« Va pour l'arrondissement,
Mais jamais pour le treizième ;
J'y fus trop souvent, ma foi !
Pour y aller cette fois. »

Mais le héros de Décembre
A ce propos fait le sourd ;
Il prépare un long discours
Pour son oncle garde-cendres,
Pour ces messieurs du Sénat,
Et ceux du conseil d'État.

Dans cette longue tartine
Il est souvent question
De piété, religion,
De la mère Joséphine...
Bref, ça prouve aux bons Français
Que c'est un fameux succès.

« Même, dit-il, à la messe
J'irais avec Montijo ;
Vous savez, je suis dévot ;
Et quant aux archiduchesses,
Princesses, filles de roi,
Ell's n'ont pas voulu de moi.

» A ces bégueul's je préfère
Mamzelle de Montijo,
C'est une franche catho-
Lique, pieuse et sincère,
Et chez elle la vertu
Est à bouche que veux-tu.

» Mon contrat de mariage
Exige un savant robin.
J'avais pris le vieux Dupin,
Quoiqu'il soit déjà hors d'âge,
Mais ma femme au sens profond,
Préfère monsieur Troplong. »

A ces choses si bouffonnes
On vit pâlir Persigny,
Morny, Vaudrey z'et Fleury ;
Mais lui dit — et ça m'étonne —
Qu'il n'est qu'un vrai parvenu.
— Je n'en suis pas revenu.

A grand renfort de trompettes
La chose s'célèbrera ;
Paris s'illuminera,
Et l'on offrira des fêtes
Au peuple pour l'égayer,
Avec la carte à payer.

—

Moralité

Filles de l'Andalousie,
Qui pincez vos pas d'zéphyr
Au bord du Guadalquivir,
Écoutez ma prophétie :
C'est ainsi qu'avec des ronds
On fait des Napoléons.

CORBEILLE DE MARIAGE

CORBEILLE DE MARIAGE

CONSEILS DE LA MAMAN

« D'amour pour toi, ma fille, Almanzor dépérit ;
Ne sois pas sa maîtresse, et tu seras sa femme.
Sais-tu par quel chemin tu dois gagner son lit ?
    Il faut passer par Notre-Dame. »

    « O France ! quel est ton destin !
    Cette fille était mon caprice ;
    N'en pouvant faire ma catin,
    J'en ai fait ton impératrice. »

Céleste, Mogador, lorettes de renom,
De dépit pendez-vous ! Ah ! que Théba doit rire !
Pour la première fois la belle avait dit : « Non ! »
Et ce bienheureux « Non ! » lui valut un empire !

MÉTAMORPHOSE

Jadis Caligula fit son cheval consul.
D'un semblable cheval Boustrapa (1) fait l'office ;
Mais toujours très-adroit et craignant le cumul,
Il a su d'un chameau faire une impératrice.

LA TOISON D'OR

Jason péniblement conquit la toison d'or,
Mais plus heureux fut Almanzor !
    Car pour enlever la toison
Dont la couleur ardente à son cœur est si chère,
Il n'avait qu'à montrer un empire à la mère
    Qui de vertu n'était pas un dragon.

(1) Le nom de Boustrapa, suivant M. de Gaujal, avocat général, est formé des trois premières syllabes des mots : Boulogne, Strasbourg, Paris. (Voir le *Procès dit des correspondants des journaux* ; Bruxelles, 1852, in-8°.)

Chacun son goût et sa marotte !
Les cheveux roux sont en faveur :
Rien ne peut plaire au carotteur
Autant que la couleur carotte.

—

CONSEILS DE LA BELLE-MÈRE

La mère Montijo, la respectable duègne,
A son gendre Almanzor un jour disait tout bas :
« Veux-tu que ton pouvoir n'ait jamais d'interrègne?
Perds la France, perds tout, mais ne perds pas tes bas !

—

Depuis que de César, en ses sacrés parvis,
Un archevêque a béni l'amourette,
La Notre-Dame de Paris
Est Notre-Dame-de-Lorette.

—

L'ÉPITHALAME DU POETE BARTHÉLEMY

Almanzor dit un jour : « Après le bon Arsène (1),
L'ingénieux Méry, l'innocent Philoxène (2),
Qui pourrait dignement célébrer ma Philis ?
La chantre de la syphilis (3)! »

—

A L'ARCHEVÊQUE DE BONNECHOSE

*qui avait comparé la Montijo à Blanche
de Castille.*

Vous dites : Blanche de Castille !
La flatterie est galante et gentille,
A voir les choses d'un peu loin.
Elle est blanche, et c'est votre excuse;
Mais regardez de près, regardez avec soin,
Vous direz : Blanche de céruse.

(1) Arsène Houssaye. — (2) Philoxène Boyer. — (3) *Siphilis*,
poëme en deux chants, 1840, in-8°.

Bruxelles. — Impr. de J. H. BRIARD. — *Déposé.*

BADINGUET-CARTOUCHE

CHANSON

SUIVIE DE PIÈCES ANALOGUES

BADINGUET-CARTOUCHE.

—

Air *du Pape musulman, de Béranger.*

L'époque étant à la gloire,
Je célèbre un conquérant
Qui, de nos jours, dans l'histoire
Doit tenir le premier rang.
Que ce cri, de bouche en bouche,
Retentisse à tout jamais :

Honneur et gloire à Cartouche,
La fleur des héros français ! (*bis.*)

Fils de Mars, ou de Neptune,
Et cousin du beau Dunois,
D'abord, pour chercher fortune,
Il court boxons et tournois.
Bâtard, mais de noble souche,
Dans les cours il trouve accès.

Honneur et gloire à Cartouche,
La fleur des héros français ! (*bis.*)

Ses débuts firent esclandre :
Malheureux dès le premier,
A Strasbourg il se fit prendre,
Comme un rat sur un fumier.
Passons-lui cette escarmouche :
Il n'en est qu'à ses essais.

Honneur et gloire à Cartouche,
La fleur des héros français ! (*bis.*)

Bientôt, remis de sa chute,
Reparaît notre héros,
Suivi de gens qu'il recrute
Aux plus honnêtes tripots.
De l'Océan une douche
Calme ce second accès.

Honneur et gloire à Cartouche,
La fleur des héros français ! (*bis.*)

Dès lors, à Vincent-de-Paule,
Cartouche faisant un vœu,
Jure de purger la Gaule
Par le fer et par le feu.
Saint Vincent qui s'effarouche,
De ses vertus craint l'effet.

Honneur et gloire à Cartouche,
La fleur des héros français ! (*bis.*)

Pour cacher leurs plans infâmes,
Des brigands mal avisés,
En vieillards, enfants et femmes
En vain se sont déguisés :
Par masse en joue on les couche...
Tout y passe... quel succès !

Honneur et gloire à Cartouche,
La fleur des héros français ! (*bis.*)

Mais admirez le prodige :
Pour juger, jusqu'aux passants,
Les tribunaux qu'il érige
Ne trouvent pas d'innocents ;
Au crime fermant la bouche,
Il gagne tous les procès.

Honneur et gloire à Cartouche,
La fleur des héros français ! (*bis.*)

« Pour sauver la République
Des pillards que nous craignons,
Sauvons la caisse publique ! »
S'écriaient ses compagnons.
— « Non ! que personne n'y touche ! »
Dit-il, bourrant ses goussets.

Honneur et gloire à Cartouche,
La fleur des héros français ! (*bis.*)

Il dévalise les coches ;
Parfois il court au saint lieu
Sur l'autel vider ses poches,
Et faire la part de Dieu ;
L'Eglise que ce trait touche
Lui chante en pieux versets :

Honneur et gloire à Cartouche,
La fleur des héros français ! (*bis.*)

De lui le peuple s'engoue,
La fortune lui sourit ;
Mais qu'un dernier tour de roue
Lui fasse... perdre l'esprit,
Il n'est brigand si farouche
Qui ne crie à son décès :

Honneur et gloire à Cartouche,
La fleur des héros français ! (*bis.*)

SIXAIN DÉDIÉ AU DÉGOMMÉ DE SEDAN.

Les défaites se succédant,
La cigarette entre ses dents,
Comme un vil couard procédant,
Il rendit son glaive en cédant.
Où donc ce fait sans précédent
S'est-il passé ? C'est dans Sedan.

—

LES BLASONNÉS

DU SECOND EMPIRE.

A l'Elysée on vient de choisir des devises,
Et sur son écusson chaque preux les a mises :
Fier de montrer à tous son collier et ses fers,
Comme un valet qu'il est, Persigny prend : *Je sers*.
Fleury qui, pas à pas, suit toujours la calèche
De Bonaparte, a pris l'indicatif : *Je lèche ;*
Je brosse est la devise au sens facile est vrai
Qu'a choisi bravement le ratapoil Vaudrey ;
Sous un bonnet carré, casque de la bazoche,
Je décrotte est le mot qu'a fait graver Baroche ;
La Guéronnière a pris le verbe : *Je vernis,*
Quand Sibour ose, hélas ! adopter : *Je bénis :*
Rouher, le plat flatteur, dont le nom seul écorche
Le larynx, a choisi l'heureux verbe : *Je torche ;*
Le Corse Bacchiocchi, sur un bel écusson,
Met : *Je procure,* autour d'un superbe poisson ;
Je radotte est le mot du vieux nestor Jérôme,
Et le docteur Véron s'est appliqué : *J'embaume.*
Romieu de qui la soif met sans cesse aux abois
Les sommeliers du prince, a préféré : *Je bois ;*

Saint-Arnaud : *Je fusille*, et Magnan : *Je mitraille.*
Pour l'obèse Roger, il a pris : *Je ripaille ;*
J'amasse, par Bineau fut le mot préféré,
Et Fould, pour le narguer, à mis : *Je rentrerai ;*
Le Dangeau du palais, Mocquart choisit : *Je loue :*
Morny, du Jockey-club, a demandé : *Je floue :*
Ducos aux trois hymens, aussi fort qu'un pacha,
Pour le verbe *J'épouse* avec amour pencha ;
Tout couvert de poussière et tout plein de choucroute,
Méry, valet de plume, a choisi : *Je m'encroûte ;*
Pour rappeler à tous ses récents jugements,
Vieyra, sous une main qui jure, a mis : *Je mens ;*
Tayer (1) de la poste, a pris des lettres en brochette,
Au dessous, sur fond d'or, on lit : *Je décachette ;*
Fortoul qui de bon goût sait donner des leçons,
A, sur trois martinets, fait graver : *Nous fessons ;*
Céséna, Cassagnac, fort jaloux l'un de l'autre,
Ainsi que Delamarre, ont choisi : *Je me vautre ;*
De Maupas et Piétri, pleins d'un trop juste orgueil,
Ont voulu : *Je moucharde*, à l'entour d'un bel œil ;
Les Danaé qu'on paye ont adopté : *Je touche,*
Et miss Howard a mis sur ses panneaux : *J'accouche.*
Enfin, cent courtisans ont des verbes actifs ;
Par contre, les caissiers n'en ont que de passifs ;
Les autres commensaux, valets, pieds-plats et pleutres,
A l'envi, pour devise ont pris des verbes neutres ;
Et l'aigle impérial, croyant avoir vaincu,
    Met : *Je vole !* sur un écu.

(1) On prononce Taïr.

—

INSCRIPTION SUR LE COLLIER D'UN CHIEN

Je voudrais que chez moi quelqu'un me ramenât.
Mon état? Chien. Mon maître? Hugo. Mon nom? Sénat.

Victor Hugo.

—

BICHON, OU MON GENTIL ROQUET.

Chanson condamnée en 1864.

Pendant les longues durées
Des hivernales soirées,
Fuyant le vague entretien,
Je fais travailler mon chien.
Dressé pour la cabriole,
Comme ceux de son école,
Mon gentil roquet Bichon
Vaut plus qu'un napoléon.

Originaire de Corse,
Plus bruyant qu'il n'a de force,
Traître et quelque peu hargneux,
Mais surtout très-cauteleux,
Point de bête plus surnoise
Qui se plaise à chercher noise...
Et malgré cela Bichon
Vaut plus qu'un napoléon.

Son père, un jour, en Hollande,
Brillait dans certaine bande,
Et sa mère — à ce qu'on dit —
A mis bas plus d'un petit ;

Mais laissons là cette histoire...
Beaucoup n'en veulent rien croire...
Je reviens donc à Bichon,
Qui vaut un napoléon.

Croisé de spitz et caniche,
Il a moustache et barbiche,
A son cou porte toujours
Large ruban de velours.
On prétend — et sur mon âme ! —
Qu'à Paris, certaine dame,
Donnerait pour mon Bichon
Son dernier napoléon.

Quoiqu'il n'aime pas se battre,
Il fait bien le diable à quatre ;
Lorsqu'il entend le carlin
De l'un ou l'autre voisin,
Il gambade, court et jappe,
Mais fin celui qui l'attrape...
D'honneur ! mon petit Bichon
Vaut plus qu'un napoléon.

Enfin, qu'il vive ou qu'il crève,
J'aurai soin de cet élève,
Et même après son trépas,
Je n'y renoncerai pas ;
Puisque après ses funérailles,
Au muséum de Versailles,
Ou bien celui de Toulon,
Je pourrai placer Bichon.

—

L'ONCLE ET LE NEVEU.

Dans leurs grandeurs impériales,
Les Buonaparte sont égaux :
L'oncle prenait les capitales,
Le neveu prend les capitaux.

—

*Sur l'ordre intimé à l'Illustration de faire les portraits
de Badinguet plus flatteurs.*

Honteux de tes grotesques traits,
Tu veux qu'ils soient beaux en peinture :
A ce compte, de tes portraits
Tu seras la caricature.

—

A BADINGUET QUI VOULAIT ÊTRE DE L'ACADÉMIE.

Avec un nom comme le tien,
A quoi veux-tu qu'un brevet serve ?
Mandrin dont le nom se conserve,
Fut-il académicien ?

—

Déposé pour la Belgique et la France.

Bruxelles. — Imp. J. H. BRIARD, rue des Minimes, 51.

LA PLONPLONNE

HISTOIRE VÉRIDIQUE DU COUSIN PLONPLON

SUIVIE DE PLONPLONNADES DIVERSES

LA PLONPLONNE.

—

Air du Roi d'Yvetot, de Béranger

Il était un prince de sang,
    Peu connu dans l'histoire,
Préférant le bouzin au camp,
    La crapule à la gloire :
Mettant au clou, chez la Delion,
Le sabre du premier Plonplon,
      Dit-on.

Oh ! oh ! oh ! oh ! Ah ! ah ! ah ! ah !
Quel joli prince c'était là!
      La, la !

Plus fortuné que son cousin,
    Il fut fils de son père,
Un ancien roi fort libertin,
    Mort de goutt' militaire,

Qui, de peur de rester garçon,
Se maria de toute façon,
   Dit-on.

Oh! oh! oh! oh! Ah! ah! ah! ah!
Quel noble père c'était là!
   La, la !

Monarque et mendiant tour à tour,
  Puis ruffian à Florence,
Le déserteur fut, au retour,
  Fait maréchal de France ;
Assurément le vieux larron
Etait bien digne du bâton,
   Dit-on.

Oh! oh! oh! oh! Ah! ah! ah! ah!
Quel drôle de roi c'était là!
   La, la!

Ses enfants avaient hérité
  Des vertus de leur père :
Sa fille, dès sa puberté,
  Ne se montrait pas fière.
Dans la famille des Plonplon,
C'est ainsi que les femmes sont,
   Dit-on.

Oh! oh! oh! oh! Ah! ah! ah! ah!
Quelle famille c'était là!
   La, La !

De bonne heure le fils connut,
  Entr'autres peccadilles,
L'art de se faire un revenu
  Avec l'argent des filles.
Dans la famille des Plonplon,
Il paraît que c'est de bon ton,
    Dit-on.

Oh ! oh ! oh ! oh ! Ah ! ah ! ah ! ah !
Quel joli garçon c'était là !
    La, la !

Un jour, notre godelureau,
  Grâce à trop de clémence,
Vint apporter de maquereau
  Son industrie en France.
Chez Rachel et chez la Guimon,
Ce n'était pas lui le pigeon,
    Dit-on.

Oh ! oh ! oh ! oh ! Ah ! ah ! ah ! ah !
Quel amant ruineux c'était là !
    La, la !

En quarante-huit républicain
  Et montagnard farouche,
Il s'écria, plein de dédain,
  Et le fiel à la bouche :

« Tous les rois sont des assassins,
Mon oncle, mon pèr', mes cousins
   Germains ! »

Oh ! oh ! oh ! oh ! Ah ! ah ! ah ! ah !
Quel tendre parent c'était là !
   La, la !

Lorsque son cousin éhonté
  Fit son coup de Décembre,
Il cria : « Viv' la liberté ! »
  Mais resta dans sa chambre.
Il n'sortit qu'après l'action,
Pour recevoir le grand cordon,
   Dit-on.

Oh ! oh ! oh ! oh ! Ah ! ah ! ah ! ah !
Quel républicain c'était là !
   La, la !

Plus tard, pour la guerre il partit,
  Et mit ses grandes bottes ;
Mais bientôt il s'en repentit,
  Et fit dans ses culottes,
Devant toute sa division
Qui fut malade d'infection,
   Dit-on.

Oh ! oh ! oh ! oh ! Ah ! ah ! ah ! ah !
Quel bon général c'était là !
   La, la !

Pour avoir Nice, on le maria
    A la Piémontaise ;
Mais une vierge l'ennuya
    Et le mit mal à l'aise :
Le soir même d'son union,
Il découcha comme un garçon,
      Dit-on.

Oh ! oh ! oh ! oh ! Ah ! ah ! ah ! ah !
Quel tendre mari c'était là,
      La, la !

Il fut plus brave, cependant,
    Au Sénat qu'à la guerre :
On l'a vu, trois heures durant,
    Taper sur le Saint-Père !
C'est qu'en face du goupillon,
Pour se battre il n'est pas couillon,
      Dit-on.

Oh ! oh ! oh ! oh ! Ah ! ah ! ah ! ah !
Quel crâne orateur c'était là !
      La, la !

Avec courage il insulta
    L'exil et l'infortune :
Un d'Orléans le souffleta,
    Il avala la prune,

Déclinant, sans plus de façon,
L'ennui d'êtr' tué par un Bourbon,
Dit-on.

Oh ! oh ! oh ! oh ! Ah! ah ! ah ! ah !
Quel fameux brave c'était là !
La, la !

Lorsque la France balay'ra
Tout cet amas d'ordure,
On ne sait ce qu'elle fera
De cette pourriture ;
Mais on hésite entre Toulon
Et le gibet de Montfaucon,
Dit-on.

Oh ! oh ! oh ! oh ! Ah ! ah ! ah ! ah !
Quel tas de merde ça fera !
La, la !

JOURNAL D'UN ZOUAVE EN CRIMÉE.

Plonplonnades.

On prétend que Plonplon à cheval est resté
Pendant toute une affaire et sanglante et cruelle.
C'est un fait historique, exact, incontesté :
Plonplon un seul instant n'a pas quitté la selle.

—

Nos soldats exposés aux dangers de la guerre,
Contre un froid rigoureux sont à peine abrités.
Pour le prince Plonplon, c'est bien une autre affaire !
Il faut à ses besoins tant de commodités !

—

Du célèbre Plonplon, ce fameux conquérant,
J'admire le sangfroid plus que l'ardeur guerrière :
Quand sa division se jetait en avant,
Plonplon, en méditant, restait sur son derrière.

—

Bien que l'on ait tenu maint propos goguenard,
Pour nous la question est nettement tranchée :
Plonplon, qu'on calomnie en vain pour son départ,
Etait né pour le siége, et non pour la tranchée.

—

De loin Plonplon assiste aux exploits des soldats ;
Absent, à notre armée il paye encor sa dette ;
Ce qu'on fait en Crimée, il le sait de là-bas :
Il observe très-bien les lieux par la lunette.

———

Du retour de Plon-Plon
C'est à tort que l'on glose :
Cambronne a dit le nom,
Plonplon a fait la chose.

———

A PLONPLON

qui feignait de vouloir provoquer le duc d'Aumale
pour sa *Lettre sur l'histoire de France.*

Pour une *Lettre sur l'histoire,*
Prince, il ne faut pas partir,
Dans la crainte de convertir
Un champ d'honneur en champ de foire.

———

Déposé pour la Belgique et la France.

Bruxelles. — Imp. J. H. Briard, rue des Minimes, 31.